प्राचीन योगी थिरुमूल का परमाणु रहस्य।

सी .पूंगवनम

Copyright © C Poongavanam
All Rights Reserved.

This book has been published with all efforts taken to make the material error-free after the consent of the author. However, the author and the publisher do not assume and hereby disclaim any liability to any party for any loss, damage, or disruption caused by errors or omissions, whether such errors or omissions result from negligence, accident, or any other cause.

While every effort has been made to avoid any mistake or omission, this publication is being sold on the condition and understanding that neither the author nor the publishers or printers would be liable in any manner to any person by reason of any mistake or omission in this publication or for any action taken or omitted to be taken or advice rendered or accepted on the basis of this work. For any defect in printing or binding the publishers will be liable only to replace the defective copy by another copy of this work then available.

क्रम-सूची

प्रस्तावना

तिरुमुला का परमाणु रहस्य

सी. पूंगवनम

परिचय

मेरा भाषण:

कुछ विचारकों की तरह मैं भी बचपन से ही प्रकृति से जुड़ा रहा हूं। ब्रह्मांड की प्रकृति, पदार्थ के कार्यों और जीवित चीजों की उपस्थिति के बारे में सवाल उठे। अगर भगवान ने ब्रह्मांड बनाया, तो भगवान को किसने बनाया? प्रश्न के साथ, यह अनुत्तरित रहेगा।

तो, प्रकृति ने मुझे इसकी खोज के साथ गर्म कर दिया। कई विभागीय ग्रंथों को पढ़ने में रुचि। मेरी संज्ञानात्मक ऊर्जा स्पष्ट रूप से जिज्ञासा के कारण कई प्राकृतिक अभिव्यक्तियों को समझने की स्थिति में थी। अंधेरे में प्रकाशस्तंभ के रूप में ग्रंथों ने कई विकल्पों को बताया।

मुझे मोहित करने वाले विज्ञान, इतिहास और आध्यात्मिक ग्रंथों ने मार्ग प्रशस्त किया।

इन ग्रंथों की सहायता से हम ब्रह्मांड की सामग्री और उनके कार्यों पर स्पष्टता प्राप्त करने में सक्षम थे। आधुनिक विज्ञान ने पदार्थ और जीवों की उत्पत्ति के लिए जिम्मेदार अणुओं के साथ-साथ कई नए सिद्धांतों के बारे में जानने का अवसर भी प्रदान किया है।

इस बिंदु पर, मुझे थावा योगी और भारत के दार्शनिक तिरुमुलर द्वारा तमिल पुस्तक थिरुमंथिरम पढ़नी थी। कितने पश्चिमी लोग जानते हैं कि इस पुस्तक को भारत में अधिक लोगों द्वारा पढ़े जाने की संभावना नहीं है।

कारण यह है कि इसे आध्यात्मिक ग्रंथ माना जाता था।

लेकिन, तिरुमन्थिरम में आध्यात्मिकता, ब्रह्मांड, परमाणु, जीव विज्ञान, मानव शरीर क्रिया विज्ञान, योग, चिकित्सा के बारे में विचार हैं।

इस प्रकार, कुछ स्पष्टीकरण जो थिरुमूलर ने प्रत्यक्ष और अप्रत्यक्ष रूप से इस पुस्तक में व्यक्त किए हैं, वे आधुनिक वैज्ञानिक कार्यों, परमाणु के बारे में विचारों और परमाणु की संख्या के साथ कुछ महत्वपूर्ण तत्वों के अनुरूप हैं। यही मैं इस पुस्तक में समझाऊंगा।

भारत के वैदिक प्राचीन ग्रंथों, तमिल ग्रंथों और प्राचीन सभ्यताओं के विज्ञान, संस्कृति और दर्शन में व्यक्त किए गए अधिकांश विचार आधुनिक वैज्ञानिक खोजों के अनुरूप हैं। कुछ मत भिन्न हो सकते हैं। विशेष रूप से, ब्रह्मांड की उत्पत्ति ध्वनि, प्रकाश, परमाणु, अद्र्धशतक और अस्तित्व, संघनन से जुड़े जीवों के रूप में विस्तार से जाती है।

समकालीन दार्शनिकों, वैज्ञानिकों, अति-आधुनिक सूक्ष्म उपकरणों, विशाल वैज्ञानिक प्रयोगशालाओं, गणितीय विधियों और कंप्यूटरों की मदद से नई, नवीन वैज्ञानिक खोजें की जा रही हैं। लेकिन प्राचीन काल में भौतिक चीजों की खोज आंतरिक जागरूकता से होती थी।

कोई भी वैज्ञानिक सभी वर्तमान खोजों से सहमत नहीं है। विशेष रूप से, एक वैज्ञानिक वैज्ञानिक द्वारा व्यक्त की गई राय यह है कि शोध के परिणाम हमेशा पूर्ण नहीं होते हैं। तब से इसकी घटनाओं का सिलसिला शुरू हो गया है। कभी-कभी यह एक ऐसी खोज होती है जो विद्वानों के लिए सम्मित होती है। कई जो वैज्ञानिक हैं तो सहमत होंगे। वे सबसे अच्छे आविष्कार हैं।

इसके अलावा, कोई पूर्ण मौलिक खंडन नहीं हो सकता है जब तक कि इस तरह के निष्कर्षों के बारे में उनके दृष्टिकोण में कोई अंतर न हो। हम जानते हैं कि ऐसी घटनाएं प्राचीन काल से आज तक जारी हैं। प्रत्येक दार्शनिक, सामान्य वैज्ञानिक और व्यक्ति को सभी के सिद्धांतों, विचारों और खोजों का सम्मान करना चाहिए और उन्हें स्वीकार करना चाहिए। प्रत्येक व्यक्ति के मस्तिष्क में अलग तरह से सोचने की क्षमता होती है। इसलिए नई जोशीली सोच, बुद्धि और शोध की मानसिकता रखने वालों को अन्य महान वैज्ञानिकों को स्वीकार करना चाहिए। कोई भी मनुष्य सर्वज्ञ नहीं हो सकता। न ही कोई देश सर्वज्ञ हो सकता है। नई नीतियां और नवाचार किसी के लिए भी शुरू किए जा सकते हैं। यह सिर्फ विज्ञान के बारे में नहीं है, यह दुनिया के किसी भी क्षेत्र के बारे में है।

यदि समकालीन आविष्कारों का यही हाल है तो प्राचीन विचारों और आविष्कारों को कैसे स्वीकार किया जाएगा?

लेकिन हमारे पूर्वजों, जो ज्ञान में सर्वश्रेष्ठ हैं, ने प्रत्यक्ष और अप्रत्यक्ष रूप से कई वैज्ञानिक विचारों को व्यक्त किया है। सिद्धांत और नुस्खा में प्राचीन ज्ञान का पता लगाया जाता है। हमारे बुद्धिमान पूर्वजों ने भी इसमें सफलता पाई है। आधुनिक विज्ञान उसी तरह जारी है। मुझे लगता है कि इस पुस्तक की बेतुकी बातें ब्रह्मांड विज्ञानियों, विज्ञान चाहने वालों और शोधकर्ताओं को समान रूप से मदद करेंगी। पौराणिक चरित्र इस प्रकार प्रकट होता है।

सबसे अच्छे वैज्ञानिक इसे महसूस करना सुनिश्चित करते हैं। यह मेरी विनम्र राय है कि उन्हें खोजा और स्वीकार किया जाना चाहिए।

यह एक शोध पुस्तक है।

शिक्षा मैंने सीखी:

1. बैचलर ऑफ बिजनेस एडमिनिस्ट्रेशन।

2. कला मास्टर: इतिहास।

3. योग में डिप्लोमा।

4. डिवाइन विल हील्स - परमहंस योगानन्द की शिक्षाएँ।

एडएक्स ऑन-लाइन फ्री कोर्स पूरा हुआ (एडएक्स ऑन-लाइन फ्री कोर्सेज) पूरा हुआ

विज्ञान पाठ्यक्रम:

1. खगोल विज्ञान का परिचय- सफलतापूर्वक पूर्ण और महारत हासिल।

2. बढ़ता हुआ ब्रह्मांड।

3. ब्रह्मांड में हमारा स्थान।

4. एस्ट्रोफिजिक्स: कॉस्मोलॉजी।

5. अंतरिक्ष सफलता: अंतरिक्ष अन्वेषण और रॉकेट विज्ञान।

6. परमाणुओं से तारों तक; भौतिकी हमारी दुनिया का वर्णन कैसे करती है।

7. कॉस्मिक किरणें, डार्क मैटर और ब्रह्मांड के रहस्य।

8. बिग बैंग और रासायनिक घटकों की उत्पत्ति।

9. खगोल भौतिकी: एक्सोप्लैनेट की खोज।

10. ब्रह्मांड के सर्वश्रेष्ठ अनसुलझे रहस्य।

11. पृथ्वी आशा।

12. एक (ए) ग्रह एक (ए) महासागर।

धार्मिक पाठ्यक्रम:

1. धार्मिक विज्ञान।

2. अपने छंदों के माध्यम से हिंदू धर्म।

सामान्य:

1. सार्वजनिक भाषण।

इस पुस्तक को लिखने में मेरी सहायता करने के लिए प्रभु का धन्यवाद।

मेरा भी आपको धन्यवाद!

पावती (स्वीकृति)

पाठ सहायता प्राप्त:

परमाणु विज्ञान सच्चा ज्ञान है।

मिस्ट्री नंबर और पंचचार: सीक्रेट।

एन धम्मनचेट्टी।

थिरुमूलर थिरुमंथिरम: व्याख्यात्मक पाठ,

.मणिकावासकन।

परमहंस योगानंद की आत्मकथा, एक योगी।

दैनिक अख़बार

ब्रह्म सूत्र।

विकिपीडिया और कुछ वेबसाइटें।

ईडीएक्स वेबसाइट मुफ्त शिक्षा,

विज्ञान, वेदांत ग्रंथ, और कई अन्य ग्रंथ।

मैं उन सभी को धन्यवाद देना चाहता हूं जिन्होंने मेरे ज्ञान को बढ़ाने में मदद की।

आमुख

अंतर्वस्तु

1

Chapter - 1

The atomic mystery of Tirumula

Thirumullar:

Tirumular was a yogi who lived in ancient times. He was also a philosopher. He was endowed with extraordinary powers because of his Thava Yoga practice.

A brief note on the life of Tirumula:

Thirumullar is said to have come from the northern Himalayas of India to Tamil Nadu in southern India. Tamil texts are cited as its original evidence. He mastered the art of yoga, which was a great gift to the world, in ancient India. Also getting acquainted with the oldest scriptures like Rigveda, Samveda, Atharvanam Veda and Yasur Veda. And many present at that time must have been connoisseurs of art, magic and sorcery. Ashta (soul) attained siddhis.

He reached Thiruvaduthurai, a village inhabited by Tamils in South India, from the Kayalaya hills in North India. He wanted to know why the cows were crying. Then he took proper care of the cows and saw that the shepherd Mulan was dead there.

The compassionate thaw yogi Tirumular Up used the rare soul siddhi he had learned to ease the suffering of the cows and injected himself into the dead Mulan's body. Mulan fell ill and was woken up by the incident. Seeing this, the cows were happy, Tirumular added the cows to his shed. When his wife came from Mulan's house and tried to leave, Tirumular realized this and quickly left.

However, Mulan's wife called the villagers and sought justice. The village elders sought an explanation from Tirumula. Mulan told what happened to his body. They also do not understand anything of illusion. Thus Tirumular was allowed to leave from there. It was only after this that Mulan looked for the hidden body before entering the body. She is nowhere to be found ill. It was as if it had been hidden by the Lord. Then Mulan was with the dead body. That's why he was called Tirumular. After this incident, Thirumullar stayed in Thiruvananthapuram and composed the Thirumanthiram book in 3000 verses.

The ancient Siddhartha Thirumullar could not accurately predict his time. It is said to have been 5000 (BC), 3000 (BC), and the most common era (C.E.), dating from the 5th to 8th centuries, especially before the Common Era. This is a testament to the fact that the composition of his songs is similar to that of Sangakkala Puluvar in Tamil Nadu and some of the songs, titles and lyrics should be considered after Thiruvalluvar. It is generally said that there is no exact information about the period in which the ancient or ancient philosophers lived in India, Greece, Rome and many other countries. May be in reference to later philosophers.

But the evidence of the ancestors must have been destroyed. Might happen without proper records. It can be taken as a source. Those who do not have precise timing can be identified as ancient philosophers.

pay attention:

Tamil Nadu, the southern part of India, is believed to have had the best kings, in-laws and poets of wisdom during the Sangam period.

And was endowed with excellent civilization. The Sangam period refers to the period from the Common Era (BCE) to the 2nd century (CE) before the 6th century. During this Sangam period, the best poets of knowledge formed the Sangam and developed the Tamil language. The duration is determined by the literature of the Sangam period, the kings and poets who lived in that period, and their historical context. They traded with the ancient Roman

Empire and the Greek Empire. Through this the antiquity of Tamil Nadu can be traced.

2

थिरुमंडीराम थ्रेड सिस्टम थिरुमूलर द्वारा:

प्राचीन सिद्धार्थ थिरुमूलर ने 3,000 तमिल (छंद) गीतों की रचना की। इसे जादू कहते हैं। ये नौ टोटकों में विभाजित हैं। तमिल में इसे नौ तरकीबें कहा जाता है।

थिरुमंदिरम शब्द, अर्थ और पद्य के संदर्भ में तमिल भाषा के व्याकरणिक अभ्यास पर आधारित है। फिर इसे एक पुस्तक में संकलित किया गया। इस पुस्तक में उनके विचारों को ज्यादातर भगवान और ब्रह्मांड के निर्माण, सूक्ष्म जगत, मानव स्वास्थ्य, जीव विज्ञान, मानव शरीर विज्ञान, योग, आध्यात्मिकता और कई अन्य के बारे में समझाया गया है।

आगे की,

ब्रह्मांड विज्ञान, क्वांटम सिद्धांत, क्वांटम यांत्रिकी, वस्तु सिद्धांत, ब्रह्मांड संबंधी ध्वनि, प्रकाश, वातावरण और जीव विज्ञान शामिल हैं।

उनकी बुद्धि हमें चकित करती है। हमने आज के आधुनिक विज्ञान को कई आधुनिक उपकरणों और कुशल बौद्धिक सोच के आधार पर विकसित किया है। इसके माध्यम से कई खोजें की गई हैं और वे भविष्य में भी जारी रहेंगी। थिरुमूलर ने अपनी श्रेष्ठ बुद्धि से कई उत्कृष्ट टिप्पणियां की हैं। आइए हम केवल उनकी बुद्धि की जांच करें।

ऊपर के क्षेत्र में जाने से पहले हम जानते हैं कि परमाणु, परमाणु क्रमांक, तत्व क्या है।

अध्याय - 3

एक परमाणु क्या है?

परमाणु से तात्पर्य किसी वस्तु में निहित सबसे छोटे कण से है। किसी तत्व का सबसे छोटा कण है।

परमाणु के केंद्र में धनावेशित नाभिक होता है। नाभिक के अंदर प्रोटॉन और न्यूट्रॉन होते हैं। न्यूट्रॉन गैर-आवेशित होता है और इसके चारों ओर एक इलेक्ट्रॉन-ऋणात्मक आवेश होता है। परमाणु ब्रह्मांडीय पदार्थ और जीवों की संरचना के कारक हैं। परमाणु प्रकाश और अंतर्जात ऊर्जा। यह आज तक अछूता है।

प्राचीन काल में बना परमाणु क्या है, इसका पता लगाने के लिए कई किताबें लिखनी पड़ती हैं। इस प्रकार परमाणु की उपरोक्त व्याख्या फिलहाल के लिए पर्याप्त है

एक तत्व क्या है?

तत्व एक ऐसा तत्व है जिसका शुद्ध पदार्थ भौतिकी या रसायन विज्ञान द्वारा और अलग नहीं किया जा सकता है। यह एक ही प्रकार के परमाणुओं से बना है, मिश्रित परमाणुओं से नहीं।

उदाहरण;

अगर हम तत्व सोना लें, तो इसमें सोने के लिए केवल परमाणु होंगे।

कुल 118 तत्व हैं। इनमें से 92 तत्व प्रकृति में मौजूद हैं। शेष 26 तत्वों का कृत्रिम रूप से प्रयोगशालाओं में उत्पादन किया जाता है। तत्व के लिए तालिका में 118 तत्वों के नाम जानें।

यह न मानें कि तत्व ब्रह्मांड के बाहर ही मौजूद हैं। हमारे शरीर में तत्व होते हैं।

4

एक परमाणु संख्या क्या है?

किसी परमाणु के परमाणु क्रमांक को उस परमाणु के नाभिक में प्रोटॉनों की संख्या या उस तत्व के नाभिक की बाहरी परिक्रमा करने वाले इलेक्ट्रॉनों की संख्या के रूप में परिभाषित किया जाता है।

प्रत्येक तत्व में प्रोटॉन और इलेक्ट्रॉनों की एक अलग संख्या होती है।

इनमें से पहला हाइड्रोजन परमाणु है। इसका परमाणु नंबर 1 है।

हाइड्रोजन परमाणु में एक प्रोटॉन और एक इलेक्ट्रॉन होते हैं। इसके आधार पर यह परमाणु क्रमांक 1 है।

अन्य तत्वों की परमाणु संख्या 2,3,4,5..... 118 है।

परमाणु क्रमांक को z से निरूपित करते हैं।

5

About Atomic:

Thirumullar remarks about the atom.

Atom is a microscopic substance that looks like a wide array of hairs. it is said. The appearance of the Higgs boson (God particle) is like an elongated peak. They claim that the atom can split and has immense potential. The final form of atomic division is called God and Jeevan (Sivan) (soul). No one says that the reason for the origin of the atom is completely missing. All these theories put forward by Thirumullar are in line with the ideas of modern atomic scientists. No true scientist can deny this.

Therefore, Tirumular is a wonderful person. The atom has been studied from ancient times to modern times. Ancient Indian and Greek philosophers especially commented on the atom. It is mentioned in many texts about the atom from the earliest times in India. Indian Philosopher Canada (Canada). Many yogis like Tirumular have explained the principles of the atom.

Now, let's move on to the research area. Its title is Panchacharam.

6

नामसिवय (पंचचारम) अध्ययन की लिपि है:

इस शब्द की सच्चाई को जानकर इसकी महिमा के बारे में बात न करना ही सबसे अच्छा है।

पंचचारम:

पंचचारम का अर्थ है पांच तमिल अक्षर यानी नामसिवय।

ये नामसिवय, वर्ण ब्रह्मांड की शक्तियों का प्रतीक हैं। साथ ही ब्रह्मांडीय गतियों के कारण। पूर्वजों द्वारा इसे तिरुवनथेलुथु के नाम से भी जाना जाता है।

इस पंचचारम (नमसिवय) का शब्द तमिल अंकों से मेल खाता है। थिरुमूलर संतों के अनुसार और तमिल की व्याकरण संबंधी प्रथाओं का उपयोग करते हुए इसकी व्याख्या करते हैं।

तमिल अंक:

त्मिल अंक:

क - उ - न - च - रू - झ - ए - अ - कू - य

तमिल लिबि क्रमशः

अंगेजी में

KA – U – NA – CHA – RU – CHAA – YAE – A – KOO – YA

1 - 2 - 3 - 4 - 5 - 6 - 7 - 8 - 9 - 10 - समसामयिक संख्याओं कोइंगित करता है।

अध्याय - 7

मेरे शोध के परिणाम:

मैं यहां थिरुमूलर द्वारा उल्लिखित तमिल संख्याओं और वर्तमान परमाणु संख्याओं और संबंधित तत्वों के साथ इसके संबंध की तुलना कर रहा हूं।

मेरे निष्कर्षों के अनुसार,

जैसा कि उन्होंने कहा, मैंने नामसिवय शब्द पर शोध किया, यह सोचकर कि प्राचीन तमिल संख्याओं का कोई कारण हो सकता है। उस शोध के अंत में मैंने पाया कि तमिल संख्याएं आधुनिक परमाणु क्रमांक वाले तत्वों से मेल खाती हैं।मैं आपको बता दूं कि यह मेरी खोज है।

पंचाचारम (नमासिवय) के तमिल अंक आधुनिक परमाणु संख्या और तत्वों के अनुरूप हैं।

आप नीचे दी गई तालिका में देख सकते हैं कि यह कैसा है।

(नमसिवय)

पंचाचारम-तमिल संख्याएं-आधुनिक संख्याएं-परमाणु संख्या

एन - के - 1 - 1 - हाइड्रोजन

एम - यू - 2 - 2 - हीलियम

सी - आर - 5 - 5 - बोरोन

डब्ल्यू - ए - 7 - 7 - नाइट्रोजन

वाई - ए - 8 - 8 - ऑक्सीजन

नामसिवय शब्द ब्रह्मांड के आदिम मूल के परमाणुओं से जुड़ा है। आधुनिक वैज्ञानिकों के बीच एक आम सहमति है कि ब्रह्मांड बिग बैंग द्वारा बनाया गया था, और अलग-अलग राय हैं।

हालांकि, बिग बैंग सिद्धांत के अनुसार, परमाणु का निर्माण वहीं से होता है जहां से मूल कण दिखाई देते हैं। इस प्रकार ब्रह्मांडीय पिंड पहले हाइड्रोजन और

हीलियम परमाणुओं के तत्वों के संलयन से प्रकट हुए। अन्य पदार्थ और जीव अणुओं और यौगिकों की रासायनिक प्रतिक्रिया से बनते हैं, इसलिए हाइड्रोजन और हीलियम मूल तत्व हैं। फिर अन्य तत्व बनते हैं। इस प्रकार कुल 118 तत्व बनते हैं।

इन तत्वों को एक गणितीय क्रम में व्यवस्थित किया जाता है, अर्थात पहला हाइड्रोजन परमाणु क्रमांक: 1 हीलियम परमाणु क्रमांक: 2 और अन्य तत्व क्रमशः परमाणु क्रमांक 3,4,5,6 ...... .118 में दिखाई देते हैं।

यह एक प्राकृतिक आश्चर्य है।

इस प्रकार रसायन विज्ञान विभाग के अनुसार,

तालिका के रासायनिक तत्व

परमाणु क्रमांक 1 से 118 में तत्व होते हैं।

हमने यहां जो तत्व लिए हैं, वे क्रमशः हाइड्रोजन, हीलियम, बोरॉन, नाइट्रोजन और ऑक्सीजन हैं। हम इन और नामसिवय के पंचचार लेखन के बीच संबंध जानने जा रहे हैं।

इसलिए, नामसिवय वर्णमाला से जुड़ी संख्या 1,2,5,7,8, आइए इस परमाणु संख्या वाले तत्वों को समझते हैं।

8

Chapter - 8

NA-KA-1 Atomic Number: 1 Hydrogen and MA-VU-2 Atomic Number: 2 Helium

The Big Bang occurred and the universe expanded and cooled from the moment of the extremely hot flame or the moment it appeared. Thus, as the universe cooled, many changes took place in space.

In particular the original particles, quarks and electrons, were created. Later protons and neutrons were formed. As the flame temperature decreased from 380000 to 500000 years, electrons were attached to the atoms. Thus hydrogen and helium atoms were formed. These are light gases. Hydrogen gas is flammable and explosive. Helium is an inert gas. The first atom of hydrogen produced the second helium atom. This is a very important event. Hydrogen and helium combine to form clouds, which are the result of the nucleosynthesis of galaxies, stars and other elements, elements, and organisms over time. The vast expanse consists of 73% hydrogen and 25% helium. Its isotopes are responsible for many cosmic existences, the Sun and the Earth. There are atoms of helium on the surface of the earth.

Hydrogen and helium make up 70% and 28% of the Sun, respectively. Hydrogen gas is the primary cause of water formation on Earth. That is, the oxygen atom in the water molecule is bonded to two hydrogen atoms. Thus causes water. Water plays an important role in the formation of living things on earth. Hydrogen is a factor in the genes of DNA and RNA in the human body.

Three stars (triple) - due to the alpha process, the carbon nucleus combines with excess helium to form a stable isotope of oxygen and energy. It should be noted here that the source of everything is hydrogen.

Helium, for some reason, contributes to the formation of oxygen.

Therefore atoms like hydrogen and helium are important factors in the origin of the universe.

Discovery of Hydrogen and Helium:

Hydrogen, the lightest element, was discovered by physicist Henry Cavendish in 1766. Helium gas was discovered in 1868 by the French astronomer Jules Johnson. While doing this astronomical research in India, he noticed a yellow line in the spectrum of a solar eclipse. This is the first evidence of helium. Chemist Edward Frankland attributed this yellow line to Helios. Later it was called helium gas.

9

CHI-RU-5 Atomic No. - 5 Boron:

The element boron is a solid brown substance. It is associated with cosmic rays. Cosmic radiation is a set of nuclear reactions occurring in the universe.

This causes nucleosynthesis. It is formed by the scattering of cosmic rays (cosmic ray gap) for solar bodies. Therefore coarse rays on an object refer to the presence of other chemical elements. Boron is an element that promotes the growth of humans, plants, animals and other organisms. Boron is used for the metabolism of important vitamins and minerals. (boric acid). Ribose is biologically formed into a structure with sugar. Traces of boron are essential for the development of many terrestrial plants. Boron, which is available through plant growth, naturally helps humans and animals survive on leaves, nuts, fruits, tubers, nuts and milk. Boron is used in significant amounts by terrestrial organisms, through foods such as fish and meat.

It also plays an important role in bone development, plant growth, drug production, protection against brain degeneration in humans, adenosine (RNA) function and NAD biological functions, and boron is thought to be beneficial in the reproductive functions of organisms. . Boron plays an important role in sperm concentration, immunity, and effective activation of estradiol. Boron is converted into many compounds that provide many benefits to humans.

Boron provides both harmful and beneficial effects on boric acid.

The universe indirectly helps human beings through exposure to radiation.

Modern research reports that scientists believe it may have played a role in the development of life on Earth.

The nature of boron remains a mystery that is not yet fully understood.

Boron Discovery:

Boron was discovered by the French chemists Joseph-Louis, K-Lussac and Louis-Jacques Donard, Sir Humphrey Davy. year 1808.

10

VA-7 Atomic Number-7 Nitrogen:

The atmosphere contains 78% nitrogen. It is present in about 3% of the human body. In general nitrogen is a gas that can exist naturally in the universe. Helps in growth and reproduction of plants and animals. Nitrogen is used to make amino acids in the human body. It makes proteins. Amino acids are the building blocks of all proteins in the human body. Proteins help in the development of structural components in the human body, especially hair, muscles, skin and tissues. Helps in metabolism. It is also essential for the formation of nucleic acids. Inherited in the atoms of all living things. This is how DNA and RNA are formed. DNA has four nitrogen components, namely adenine, cytosine, guanine and thymine. Therefore, the origin of DNA molecules in nitrogen contribution is an important factor in human evolution.

Although nitrogen is abundant in organic molecules in the environment, it cannot be used by humans directly from the air or soil. Humans can get it through natural cycles through chemical microorganisms such as air, soil, water and green plants.

Hence the role of nitrogen is important for the overall development of the organism.

Discovery of Nitrogen:

Nitrogen was discovered in 1772 by Daniel Rutherford. He is a Scottish scientist.

11

Chapter - 11

YA-A-8 Atomic Number - 8 Oxygen:

Oxygen is important for life on Earth. Organisms can survive only by breathing in this air. It is also called oxygen. Also there is no alternate air to breathe in the universe. But, plants do photosynthesis. They survive by absorbing carbon dioxide from the air and water from the earth. Oxygen is the third most abundant gas in the universe. At the rate of 21% in the atmosphere and about 49% by weight on the Earth's surface. In addition, the oceans contain 89% oxygen by weight. Aquatic organisms survive by taking in oxygen dissolved in water. Oxygen reacts with most components and compounds.

Oxygen gas is responsible for all the functions of molecules for the development of structural components such as proteins, carbohydrates and fats in humans and other organisms. Hydrogen and oxygen (H_2O) are the main causes of water formation. Oxygen also plays a role in the formation of the DNA molecule along with other molecules. Chemicals cause many processes on Earth, such as oxidation, oxygen compression, antioxidant reactions, and photosynthesis. As a result, oxygen reaches a level (with a constant) that travels through Earth's atmosphere. Oxygen is generated in the Earth's atmosphere by the photosynthesis of cyanobacteria that live in water bodies and depend on the basic life cycle of other organisms.

Discovery of Oxygen:

In 1774, Joseph Presidley discovered oxygen. He was born in England.

12

अध्याय - 12

इस नामसिवय (पंचचारम) विषय के अध्ययन पर रिपोर्ट:

थिरुमूलर असाधारण शक्ति के व्यक्ति थे। उन्हें ऋषि या सिद्धर या दार्शनिक कहा जा सकता है। आंतरिक जागरूकता के माध्यम से सर्वश्रेष्ठ योगी के विचारों को व्यक्त किया गया। तिरुमन्थिरम ज्ञान का भंडार है जो छिपे हुए पत्ते की तरह छिपे हुए कई विचारों को सिखाता है। आधुनिक वैज्ञानिक विचारों के साथ उनके द्वारा कही गई सच्चाई की तुलना करना एक उत्कृष्ट शोध है। ब्रह्मांड के निर्माण से पहले और बाद में हमारे शरीर में तत्व रहे हैं। इस प्रकार तिरुमुलर कहता है कि ब्रह्मांडीय ऊर्जा का कोई विनाश नहीं होता है।

इसके अलावा, यह समझा जाता था कि दार्शनिकों और योगियों ने मनुष्य के विचारों के प्रवाह को महसूस किया है। इसलिए वे दूसरों को अप्रत्यक्ष रूप से जो कुछ भी सीखा और महसूस किया उसकी व्याख्या करने में सक्षम थे। इसे केवल सर्वश्रेष्ठ शिक्षाविदों द्वारा ही समझने के लिए बनाया गया था। इसलिए, प्राचीन ग्रंथों ने दर्शनशास्त्र को व्याकरणिक रूप से समझाया और अयोग्य द्वारा समझे जाने पर इसे एक आपदा माना जाता है।

इस प्रकार, क्या तिरुमुलर अपने विचार के संदर्भ में ब्रह्मांड के सबसे महत्वपूर्ण तत्वों को नहीं बता सकता था?

इन तत्वों को महसूस करते हुए उन्होंने इसे जादुई शब्द नामसिवय का प्रयोग किया और इसे पंचाचारम कहा।

नामसिवय के लिए तमिल संख्याएँ ka-u-ru-ya-a हैं, जो आधुनिक संख्या 1,2,5,7,8 से मेल खाती हैं।

1,2,5,7,8 संबंधित परमाणु संख्या वाले तत्वों को संदर्भित करता है।

मैंने आधुनिक परमाणु संख्याओं के संबंध में उनके द्वारा उल्लिखित और उपरोक्त तमिल संख्याओं पर शोध किया है। अध्ययन के अंत में मैंने पाया कि

तमिल संख्याएं आधुनिक परमाणु क्रमांक वाले तत्वों के अनुरूप हैं। यह मेरी खोज है।

यह कुछ अद्भुत है।

13

अध्याय - 14

परमहंस योगानंद ने अपनी पुस्तक द ऑटोबायोग्राफी ऑफ ए योगी में निम्नलिखित की व्याख्या की है:

ब्रह्मांड में अरबों रहस्य हैं, जिनमें से प्रकाश इन रहस्यों में सबसे चमत्कारी है। प्रकाश तरंगें ब्रह्मांड में हर जगह यात्रा करती हैं। तरंग दैर्ध्य के सिद्धांत के अनुसार, प्रकाश तरंगें ग्रहों के बीच फैलती हैं, यह सुझाव देती हैं कि आकाशीय अंतरिक्ष नामक एक ईथर माध्यम है। उनका कहना है कि किसी भी सिद्धांत के अनुसार, प्रकाश किसी भी प्राकृतिक वस्तु से सबसे सूक्ष्म और स्वतंत्र है।

साथ ही इलेक्ट्रॉन के बारे में वैज्ञानिक वैज्ञानिकों की खोज की व्याख्या करते हैं। प्रकृति के अपरिहार्य द्विआधारी सिद्धांत ने निर्णायक रूप से साबित कर दिया है कि हाल ही में विकसित इलेक्ट्रॉनिक आवर्धक के स्रोत परमाणु चमकदार हैं। द न्यूयॉर्क टाइम्स ने एक परिष्कृत इलेक्ट्रॉनिक मैग्निफायर के संचालन के बारे में १९३७ में यू.एस. काउंसिल फॉर साइंटिफिक एडवांसमेंट की बैठक में परमाणु पर एक रिपोर्ट प्रकाशित की।

अर्थात् इसने परमाणु के अन्तर्निहित गुणों को इस प्रकार समझाया।

टंगस्टन की क्रिस्टल संरचना को आज तक एक्स-रे द्वारा स्पष्ट रूप से जाना जाता है। लेकिन अब इसकी संरचना प्रकाश स्क्रीन पर स्पष्ट रूप से दिखाई दे रही थी, जिसमें इसके नौ परमाणु अपने उचित स्थान पर एक घन फ्रेम में प्रत्येक कोने पर बीच में एक परमाणु के साथ दिखाई देते थे। एक क्रिस्टल फ्रेम में ज्यामितीय तरीके से व्यवस्थित प्रकाश बिंदुओं के रूप में टंगस्टन परमाणु एक प्रकाश संवेदनशील स्क्रीन पर दिखाई देते हैं। इस क्यूबिक फोटोरिसेप्टर से टकराने वाले हवा के अणुओं को डांसिंग फोटॉन के रूप में जाना जाता है, जैसे पानी की लहरों में चमकते सूरज के धब्बे।

इलेक्ट्रॉनिक आवर्धन के सिद्धांत की खोज पहली बार 1927 में क्लिंटन जे. डेविसन और लेस्टर एच. जर्मन ने न्यूयॉर्क में बेल टेलीफोन रिसर्च लेबोरेटरी के द्वारा की थी। इस उत्कृष्ट शोध का परिणाम यह खोज था कि इलेक्ट्रॉनिक्स में एक कण और एक लहर के दोहरे गुण होते हैं। तरंगों ने इलेक्ट्रॉनिक्स के लिए प्रकाश की एक विशेष संपत्ति का प्रदर्शन किया।

इसलिए, इलेक्ट्रॉनों को उसी तरह केंद्रित करने के तरीकों पर प्रयोग किए गए जैसे कि प्रकाश किरणों को ऑप्टी के माध्यम से निर्देशित किया जा सकता है। इलेक्ट्रॉनिक्स की "जेकिल-हाइड" विशेषता; यानी डॉ. डेविसन को उनकी उत्कृष्ट खोज के लिए भौतिकी में दुनिया के सबसे मूल्यवान नोबेल पुरस्कार से सम्मानित किया गया था कि संपूर्ण भौतिक प्रकृति प्रकृति में दोहरी है।

आइंस्टीन ने अपनी गणितीय बुद्धि से साबित कर दिया कि ब्रह्मांड में स्थायी प्रकाश की गति 186000 मील (300000 किलोमीटर) है। ज्ञान में सर्वश्रेष्ठ वैज्ञानिक परमाणु भौतिक नहीं हैं; लेकिन वे साहसपूर्वक इस बात पर जोर देते हैं कि यह ऊर्जा है जो मूल रूप से परमाणु शक्ति का मन-स्रोत पदार्थ है।

इसके अलावा, कोई भी इंसान जो आंतरिक चेतना (चेतना) के माध्यम से महसूस करता है कि सृष्टि का सार प्रकाश है, चमत्कारों के नियमों को निष्पादित कर सकता है। कोई भी रूप प्रकट होता है - चाहे वह पेड़ हो, औषधि हो या मानव शरीर - घटना योगी की इच्छा और उसकी इच्छा शक्ति और कल्पना पर निर्भर करती है।

यहाँ एक महत्वपूर्ण घटना का चित्रण किया गया है। इस पुस्तक की शुरुआत में हमने देखा कि तिरुमुलर मृत स्रोत था जिसने खुद को शरीर में इंजेक्ट किया था। यही परमहंस योगानंद ने ऊपर बताया है। एक योगी के साथ जो चीजें हो सकती हैं, उनमें से एक यह है कि तिरुमुलर ने शरीर में प्रवेश किया, उसे लगा कि वह आत्मा सिद्धि का उपयोग कर रहा है।

14

अध्याय - 15

अट्टामसिथि क्या है?

सिद्धार्थ योग अभ्यास अंत में एक चमत्कार पाने के लिए है। इस अभ्यास के माध्यम से सिद्ध कुछ ब्रह्मांडीय शक्तियों को नियंत्रित करने की क्षमता प्राप्त करते हैं। आठ गुना पथ के रूप में भी जाना जाता है। इसमें असाधारण ऊर्जा है। भारत में शक्तिशाली योगियों ने यह कला सीखी। पतंजलि एक महान योगी हैं जिनका जन्म भारत में हुआ था। वे योग दर्शन के रचयिता हैं। यह पतंजलि की योग पुस्तक में सबसे अच्छी तरह से समझाया गया है।

आत्मा सिद्धियाँ (आठ सिद्धियाँ) क्या हैं?

1. एनिमा: किसी व्यक्ति के आकार को परमाणुओं में बदलना। (संकुचन)

2. मागिमा (Magima): बड़ा हो रहा है। (विस्तार)

3. इलाकिमा: वायु के समान भारहीन हो जाना। (बिना वजन के)

4. करीमा: अचल रूप से भारी स्वभाव का होना।

5. औचित्य: विचार स्थानों में प्रकट होना।

6. ब्राह्मणवाद: बस शरीर से जीवन को छोड़कर अन्य जीवों को अपने शरीर में इंजेक्ट करना।

(घोंसले से घोंसले की ओर बहते हुए)

7. परमानंद: जो करना है वह करना।

8. पर्यावास: सभी कार्यों को आकर्षक बनाना।

जैसा कि ऊपर बताया गया है आठ चरण हैं।

15

अध्याय - 13

परमाणु पृथक्करण का तिरुम्युलर दृश्य:

थिरुमूलर परमाणु की प्रकृति से अवगत था। परमाणु के परमाणु भाग को परमाणु कहा जाता है, और परमाणु के भीतरी भाग को सबसे नन्हा भाग कहा जाता है।

दुनिया में परमाणु शोधकर्ता:

भारत के प्राचीन कलकत्ता के अनुसार, एक क्षेत्र एक परमाणु या परमाणु है जो छोटे-छोटे टुकड़ों में बिखरने लगता है और फिर अप्रभेद्य हो जाता है। परमाणु गोलाकार कहते हैं।

उनका यह भी कहना है कि परमाणुओं को गर्मी जैसे अन्य कारकों के कारण होने वाले रासायनिक परिवर्तनों से जोड़ा जा सकता है।

भारत के एक अन्य सिद्धार (तवयोगी) का कहना है कि थिरुमूलर परमाणु बहुत छोटी वस्तु है। यह दावा करते हुए कि परमाणु को विभाजित किया जा सकता है, वह गणितीय रूप से विधि की व्याख्या करता है।

लूसिफ़ेर और डेमोक्रिटस जैसे यूनानी दार्शनिकों ने परमाणु पर टिप्पणी की है।

लूसिफ़ेर की टिप्पणियाँ:

सभी वस्तुएं परमाणु हैं। वे कहते हैं कि यह अविनाशी या अप्रभेद्य है।

डेमोक्रिटस:

पदार्थ सभी परमाणुओं से बने होते हैं। इसे नष्ट या अलग नहीं किया जा सकता है। उनका कहना है कि परमाणुओं के बीच जगह है। उन्होंने कुछ कमेंट भी किए हैं।

19वीं शताब्दी की शुरुआत से, परमाणु अनुसंधान में कई वैज्ञानिकों ने अपनी सोच में नए विचारों के उद्भव के माध्यम से आधुनिक समय के परमाणु सिद्धांतों को विकसित किया है। तर्क यह है कि परमाणु नीति एक परमाणु वैज्ञानिक द्वारा

तैयार की जाती है और व्यवहार में पेश की जाती है, उसके बाद प्रतिक्रिया और अनुमोदन होता है।

नए शोध के अनुसार, इस तर्क ने नए दृष्टिकोणों का विकास किया। इस राज्य में घटनाओं की एक श्रृंखला के परिणामस्वरूप नई परमाणु नीतियों को फिर से परिभाषित किया जा रहा है। आधुनिक विज्ञान ने परमाणु की उत्पत्ति, परमाणु की प्रकृति, तत्वों, रासायनिक गुणों, समस्थानिकों, इसकी ऊर्जा, त्रिज्या, भार, पदार्थ, जीवों और ब्रह्मांड पर इसके प्रभाव के साथ-साथ नए परमाणु सिद्धांतों की खोज की। उन्नीसवीं सदी। परमाणु अनुसंधान तब और तेजी से आगे बढ़ा।

होने के कारण,

परमाणु के नाभिक की खोज अंग्रेजी भौतिक विज्ञानी अर्नेस्ट रदरफोर्ड ने की थी। अर्नेस्ट रदरफोर्ड को परमाणु भौतिकी का जनक कहा जाता है। उन्होंने सबसे महत्वपूर्ण परमाणु के बारे में एक तथ्य की खोज की जब उन्होंने आधुनिक शोध उपकरणों का उपयोग करके अल्फा कणों को इंजेक्ट करके शोध किया। इस अध्ययन के माध्यम से उन्होंने पाया कि परमाणु के केंद्र में एक बहुत ही छोटे आकार में एक बहुत ही सीधा आवेश वाला एक नाभिक होता है। और इलेक्ट्रॉन परमाणु के नाभिक की परिक्रमा करता है। परमाणु की संरचना पर उनके शोध के लिए उन्हें 1908 के नोबेल पुरस्कार से सम्मानित किया गया था।

भौतिक विज्ञानी जॉन डाल्टन ने 1803 में अपना दृष्टिकोण प्रकाशित किया। वह इंग्लैंड के मूल निवासी थे जिन्होंने आधुनिक परमाणु सिद्धांत की व्याख्या की। एक परमाणु सबसे छोटा कण होता है जिसमें कोई भी पदार्थ होता है, और विभिन्न प्रकार के पदार्थ छोटे अविभाज्य कणों (परमाणु) से बने होते हैं। उनका मानना था कि परमाणु का निर्माण या विनाश नहीं हो सकता। और परमाणु का तत्व, रासायनिक प्रतिक्रिया के रूप में इसके गुणों का दावा करता है।

नील्स युद्ध परमाणु नीति:

नील्स बोर डेनमार्क के रहने वाले हैं। उन्हें १९२२ में भौतिकी का नोबेल पुरस्कार मिला। इलेक्ट्रॉन का ऋणात्मक आवेश होता है।बताता है कि इलेक्ट्रॉन ऊर्जा, कक्षा और विकिरण पर निर्भर करता है। एक परमाणु में एक निश्चित परिपथ एक वृत्ताकार पथ में नाभिक की परिक्रमा करता है। इसकी कक्षा, यानी इलेक्ट्रॉन नाभिक के चारों ओर की कक्षा। इसकी कक्षा के आकार के आधार पर, इसकी ऊर्जा अलग-अलग होगी। वह कई परमाणुओं के कार्यों का भी वर्णन करता है।

इसके अलावा, परमाणु शोधकर्ता:

यह सूची लम्बी होते चली जाती है। आज भी इसका पता लगाया जा रहा है।

लापता नामों में उल्लेखनीय भारत के प्राचीन ऋषि तिरुमुलर हैं। वह उस समय परमाणु की उत्पत्ति और परमाणु को कैसे अलग किया जा सकता है, इसकी व्याख्या करते हैं। तिरुमुलर ब्रह्मांड में परमाणुओं के प्रभावों से भी अवगत था।

परमाणु को पहली बार 1932 में जॉन कॉक्राफ्ट और अर्नेस्ट वाल्टन द्वारा अलग किया गया था, जिन्होंने सीखा कि आधुनिक परमाणु सिद्धांत परमाणु को अलग नहीं कर सकते हैं और परमाणु को आधुनिक उपकरणों की मदद से अलग किया जा सकता है।

थिरुमूलर परमाणु का सटीक आकार प्राप्त करने के लिए एक वस्तु लेता है और हमें बताता है कि उस वस्तु में परमाणु को खोजने के लिए किस विधि का उपयोग किया जा सकता है।

इस प्रकार उनकी निर्णायक बौद्धिक क्षमता और उत्कृष्ट गणितीय क्षमता इस पद्धति में स्पष्ट है।

उस विधि के अनुसार, वह परमाणु के पृथक्करण और उसके आकार के बारे में निम्नलिखित खंड में बहुत स्पष्ट रूप से बताता है।

सातवें तंत्र में परमाणु का संदर्भ 2008 में तिरुमुलर की पुस्तक थिरुमंदिरम में है।

परमाणु में परमाणु नाभिक

एक परमाणु में एक हजार परमाणु कह रहे हैं

परमाणु में परमाणु तक पहुँचने के लिए सर्वशक्तिमान

परमाणु तक परमाणु की पहुंच भी अमी है।

विषय:

यदि परमाणु (सबसे छोटा परमाणु) जो परमाणु के भीतर का परमाणु है, परमाणु को हजारों (अंशों) में विभाजित करता है तो ऊपरी भाग मौलिक कारण नाभिक होता है।

इस राय के आधार पर, तिरुमुलर ने कहा:

यहाँ मेरी व्याख्या है,

हीलियम परमाणु के नाभिक का नाभिक आकार 1 स्त्रीमापी का होता है जिसे एक हजार से विभाजित किया जाता है, जो कि एक परमाणु के आकार का होता है।

तिरुमुलर के अनुसार, परमाणु के भीतर परमाणु का मूल कण क्वार्क है।

इसका आकार,

यानी 0.000000000000000001 या $1 * 10^{-18}$ का एक बहुत, बहुत छोटा पैमाना। यह सूक्ष्म आकार क्वार्क नामक मूल कण का प्रतिनिधित्व करता है।

क्वार्क कण द्वारा परमाणु के भीतर परमाणु को हजारों में विभाजित करके प्राप्त आयतन, $1e^- {}^{21}$

$1e^- {}^{21}$ का अर्थ है 0.000000000000000000001 (ज़िप्टोमीटर) एक प्राथमिक कण को संदर्भित करता है जिसे प्रियन कहा जाता है, जो एक सेप्टोमीटर है

ब्रह्मांड में कई प्राथमिक कण हैं।

इन मूल कणों से ही परमाणु का निर्माण होता है।

इस रूप में परमाणु (प्राथमिक कण) ऊर्जा और प्रकाश के रूप में होते हैं। इसका डिस्प्ले देखने में ब्लॉड लाइट होगा। परमाणु के रहस्यों को जानने वाले भारतीय दार्शनिक थे।

इसलिए परमाणु प्रकाश को आकार, ध्वनि और अपार शक्ति वाला कहा गया है। इस परमाणु रूप को भगवान भी कहा गया है। तिरुमुला भी इस व्याख्या का अनुमोदन करता है। प्रभु शक्ति और प्रकाश है। इसे समझकर प्रकाश परमाणुओं की परस्पर क्रिया को बेहतर ढंग से समझा जा सकता है और प्रकाश के बारे में सर्वश्रेष्ठ वैज्ञानिक निकोला टेस्ला का कहना है कि क्राइस्ट और अन्य लोग इसका रहस्य जानते थे। कई धर्म ईश्वर को प्रकाश मानते हैं। रोशनी पर भी जोर दिया गया है। पृथ्वी पर जीवों को जीवित रहने के लिए सूर्य के प्रकाश की आवश्यकता होती है। मनुष्य को अन्य सजीव वस्तुओं को अपनी आँखों से देखने के लिए प्रकाश की आवश्यकता होती है (फोटॉन) प्रकाश तरंगों और कणों के रूप में होता है। प्रकाश और परमाणु एक साथ रहते हैं।

16

अध्याय - 16

प्रकाश के बारे में एक और रहस्यमयी जानकारी:

प्राचीन सभ्यताओं से लेकर आज तक एलियंस में रुचि रही है। इनके बारे में ज्यादातर जानकारी हल्की थी, मतलब ये आसमान से आई हैं।

और एलियंस पृथ्वी पर ब्रह्मांड के नियमों से बंधे नहीं हैं। जो लोग उनसे व्यक्तिगत रूप से मिले हैं, वे रिपोर्ट करते हैं कि पृथ्वी पर वस्तुओं को प्रकाश द्वारा प्रवेश किया गया है। साथ ही यह दावा करने के साथ कि एलियंस के साथ आए विमान हल्के थे और इसकी गति बहुत अधिक थी, दुनिया भर के कई देशों के पास एलियंस के बारे में सबूत हैं। इस पर आज भी शोध जारी है।

यहां एलियंस का जिक्र क्यों करें।

हमारे ग्रह पर रहने वाले कई लोगों को हल्के शरीर के साथ पाया गया है। इसके प्रमाण प्राचीन ग्रंथों, अभिलेखों और चित्रों में मिलते हैं। श्रेष्ठ योगियों द्वारा प्रकट किया जाता है। योगियों में परमाणु की प्रकृति को बदलने की क्षमता है। एलियंस ने अपने शरीर में परमाणुओं को प्रकाश में परिवर्तित करके या मनुष्य के लिए अज्ञात तकनीक का उपयोग करके पृथ्वी में घुसपैठ की हो सकती है। उन्होंने वस्तुओं को भेदने की क्षमता हासिल कर ली होगी।

तो, क्या यह संभव नहीं है कि तिरुमुला ने भी खुद को इस तरह दूसरे शरीर में इंजेक्ट किया हो? यह प्रक्रिया पूर्व में हो चुकी है। यह मानव निर्मित हो सकता है और भविष्य में भी ऐसा ही हो सकता है। इस ब्रह्मांड में कुछ भी संभव नहीं है। इससे मदद मिलेगी। कई घटनाएँ होती हैं।

इस प्रकार, यह स्पष्ट है कि तिरुमुलर प्रकाश और परमाणु के रहस्य को जानता था और उसे इसका उपयोग करने का तरीका पता था।

प्रकाश और परमाणु के बीच संबंध को तिरुमुला के महत्व को स्पष्ट करने के लिए समझाया गया था।

मैं दो सबसे महत्वपूर्ण के बारे में भी बताने जा रहा हूं।

1. प्रकाश।

2. शक्ति।

आज का विज्ञान यह बहुत स्पष्ट कर देता है कि प्राथमिक कणों के अंदर ऊर्जा और अंदर प्रकाश होता है। यह सर्वनाश उन सभी भौतिक चीजों और जीवों के लिए जिम्मेदार है जो हमारे ब्रहमांड में विकसित हो रहे हैं।

ध्यान दें:

1. उपरोक्त में से कुछ स्पष्टीकरण केवल समझने के लिए दिया गया है। यह बदल सकता है।

2. हाइड्रोजन परमाणु का आकार 120 पिकोमीटर होता है।

17

अध्याय - 17

अगला भाग,

तिरुमुलर बताते हैं कि जीवन किसी वस्तु को विभाजित करने से प्राप्त होता है।

और पद 2011 में उन्होंने अपने पद्य में दिया है।

माविया सिवन रूप के शब्दों में

गाय के बालों ने कहा एक सौ

आवारा कहे तो हजार

आत्मा का घटक एक लाख एक है।

Mēviya cīvaṇ vaṭivatu colliṭil kōviṇ mayir oṇṟu nūṟuṭaṇ kūṟiṭṭu mēviya kūṟatu āyiram āyiṇāl āviyiṇ kūṟu nūṟāyirattu oṇṟē.

meviya sivan ka roop kaha hai

ek gaay ke baal sau ke baraabar hote hain

meviya ka kahana hai ki ek hajaar . ke kaaran

विवरण:

यदि आप एक गाय का एक बाल लेते हैं, उसे सौ में काटते हैं और उसमें से एक लेते हैं, इसे एक हजार में काटते हैं, एक हजार में से एक बाल लेते हैं और इसे एक लाख भागों में काटते हैं, उपलब्ध बालों की मात्रा किस आकार को इंगित करती है जीव।

हम इसे नीचे गणितीय रूप से करना जानते हैं।

गाय के बालों का आकार = १०० माइक्रोन

100 माइक्रोन 0.1 मिमी

तिरुमुला के अनुसार,

गाय के बालों को सौ से विभाजित करने पर उसका आकार 0.1/100 = 0.001 मिमी होता है।

0.001 मिमी मापने वाले बालों का एक भाग लें और इसे 1000 से विभाजित करें,

0.001 मिमी / 1000 मिमी = 0.000001 मिमी से विभाजित,

इसके अलावा, यदि आप 0.000001 मिमी मापने वाले बाल लेते हैं और इसे फिर से 100000 भागों में विभाजित करते हैं,

यानी 0.000001 मिमी / 100000 मिमी = 0.00000000001 मिमी। आकार प्रारूप में उपलब्ध है।

थिरुमूलर के अनुसार किसी जीव का आकार (आकृति) 0.00000000001 मिमी या 0.0001 एंगस्ट्रॉम होता है।

वर्तमान हाइड्रोजन परमाणु का आकार 0.12 नैनोमीटर . है

या 1.2 एंगस्ट्रॉम, या 120 पिकोमीटर, वेंडरवाल्स की त्रिज्या के अनुसार।

तिरुमुलर पुरातनता में कहता है कि सबसे छोटी जीवित चीज 0.00000000001 मिमी है, जो हाइड्रोजन परमाणु से छोटी है।

अब तिरुमुलर द्वारा उल्लिखित जीवन का आंकड़ा 0.00000000001 है।

इस पैमाने के अनुसार, यह उस सीमा तक पहुँच जाता है जिसे मनुष्य नहीं जान सकता। यानी प्लैंक लेंथ 6187927353732901000000 प्लैंक लेंथ।

यहाँ सिंगुलैरिटी की स्थिति पहुँच जाती है।

तिरुमुलर के अनुसार, जीवन की छवि भगवान है। एकता दिव्य शरीर के रूप में सन्निहित है। तिरुमुला के भविष्यवाणी ज्ञान की अभिव्यक्ति आधुनिक वैज्ञानिक विचारों के अनुरूप है।

यह सबसे बड़ा आश्चर्य है।

तमिल प्राचीन सभ्यताओं में एक उन्नत समाज थे।

इस सभ्यता में वर्णों और संख्याओं का प्रयोग किया जाता है।गणितीय संख्याओं का प्रयोग अनेक पैमानों के लिए ठीक-ठीक किया गया है।

अगले भाग में हम तमिल स्तरों के बारे में देखेंगे।

तमिल लंबाई आयाम:

10 शंकु - 1 सूक्ष्म परमाणु

10 परमाणु - 1 परमाणु

8 परमाणु - 1 किरण

8 किरणें - 1 छींक

8 डंठल - 1 बाल

8 बाल - 1 महीन रेत

8 महीन बालू - 1 छोटी सरसों

8 small mustard seeds - 1 mole

8 sesame - 1 paddy

8 paddy - 1 finger

12 fingers - 1 sand

2 inch - 1 inch

4 inches - 1 part

6 thousand parts - 1 ear (1200 kajm)

4 ears - 1 idea.

In ancient times there may have been very precise measurements.

Therefore, Tirumular has explained in numerical form how to separate an atom.

Many of the best physicists of modern times have the basic knowledge of the atom, the intelligence to split an atom with the help of modern equipment and know its microscopic size with the help of modern mathematical method.

But Tirumular was a prophet who realized how he could use his inner psychic energy to split an atom and know its shape. His commentary on the atom may be mistaken for other scholars, as the poem is grammatically correct. This is an incident that should be regretted with time. Traces of pre-existing civilizations in the world appear after several thousand years. There are many examples of this. New, innovative discoveries and research are still being made throughout human history from the works of our ancestors. It can be in any form.

One can use Tirumula's nuclear policies as an example, it is rare that his nuclear policy would have been available to the people of the world. Some may know and many may not.

In addition, his book Thirumantram contains essential philosophies for the universe and human society.

Therefore, I think this book can help in scientific research today.

It is the duty of true scientists to appreciate the intellectual potential of the ancient nuclear scientist Tirumular. This is the special value we can give to him.

pay attention:

Some scientific ideas may be omitted. The purpose of this book is for simple understanding only. The reason is that science is such a science that there is no end to its end. It is also not proper to consider it as a complete scientific text .

अंग्रजी से हिंदी में अनुवाद
टी.एस.शांति पि.एच.डी.
हिन्दी विभाग
गंधीग्राम **विश्वविद्यालय**
अंबादूरै, डिंडीगल
तमिल नाडु